AF357165

FACTVM,

Pour Meſſire Louys François de Brancas, Cheualier Marquis de Villars, Conſeiller du Roy en ſes Conſeils, Mareſchal de ſes Camps & Armées, qui eſt appellant & intimé.

Contre Madame la Ducheſſe d'Aiguillon, ayant l'adminiſtration des biens de Monſieur le Duc de Richelieu, qui eſt intimée & appellante.

PAr la Sentence des Requeſtes du Palais du 6. Avril 1650. la Cour a condamné Madame la Ducheſſe d'Aiguillon de payer au ſieur Marquis de Villars, & à ſon frere, la ſomme de quarante-cinq mille liures pour le prix du Regiment de Grauille, & Compagnie au Regiment de Nauarre, auec les intereſts de ladite ſomme du iour du traicté deſdits Regiment & Compagnie; elle eſt appellante de ce premier chef.

Par le ſecond chef de la demande, ſur la demande de l'intimé & de ſon frere, de la ſomme de trois cens mille liures pour la recompenſe du Gouuernement du Havre de Grace; les parties ſont miſes hors de

A

Cour; le sieur Marquis de Villars est appellant de ce chef.

Le Roy Henry le Grand en faueur du Mariage de Monsieur le Duc de Villars, & de Dame Hypolite d'Estrée, a accordé aux enfans qui naistroient dudit mariage la suruiuance du Gouuernement du Havre de Grace, dont Monsieur le Duc de Villars estoit titulaire & possesseur; comme ils n'estoient pas nez, on ne pouuoit pas disposer expressement à leur profit.

Le Roy agrea que Monsieur le Duc de Villars se démit du Gouuernement au profit du Baron d'Oise son frere aisné, à condition toutesfois de suruiuance, & que ledit sieur de Villars vienne à deceder sans enfans viuans prouenus de luy, & d'Hypolite d'Estrée sa future espouse.

Les Lettres de prouision du Baron d'Oise, contiennent cette condition de suruiuance au profit des enfans; le Roy l'accorde en consideration du mariage, & le mesme iour du contract de mariage, il l'accorde en cas que le sieur de Villars vienne à deceder sans enfans prouenans dudit mariage. Les Lettres portent mandement à Monsieur le Chancelier de mettre le sieur d'Oise en possession, en cas que le sieur de Villars vienne à deceder sans enfans, le mandement fait aux Officiers de le recognoistre, aux Thresoriers de le payer, aux Maistres des Comptes d'alloüer ses quittances, contient la repetition du mesme cas, & condition de suruiuance. En vn mot

dans toutes les claufes de furuiuance, & de referue
au profit du Baron d'Oife, il eſt fait mention des enfans, *en cas que Monſieur de Villars decede ſans enfans
prouenans du mariage.*

En 1626. Monſieur le Cardinal de Richelieu vou-
lut traiéter du Gouuernement du Havre, il ſçauoit
qu'il appartenoit aux enfans à tiltre de furuiuance,
neantmoins il en tire vne demiſſion de Monſieur le
Duc de Villars, il en traiéte comme de particulier à
particulier, moyennant la ſomme de trois cens mil
liures, il en tire quittance paſſée double pardeuant
Nottaires le 11. Octobre 1626. qui contient le droiét
des enfans.

Primò, On fait traiéter Madame la Ducheſſe de
Villars, tant en ſon nom, que comme ſe faiſant fort
de ſon mary & de leurs enfans, auec promeſſe de
leur faire ratifier quand ils feront majeurs, meſme
d'obliger Monſieur de Villars ſon mary de rapporter la ratification de leurs enfans quand ils auront
atteint l'aage de majorité.

Secundò, On luy fait recognoiſtre qu'elle a receu
trois cens mille liures, dont on a conuenu pour la
recompenſe du Gouuernement, que cette ſomme a
eſté payée des deniers de Monſieur le Cardinal.

Tertiò, On fait renoncer Madame de Villars comme Monſieur ſon mary auoit fait par l'aéte de demiſſion, tant pour elle que pour ſes enfans a tout
droiét de furuiuance du Gouuernement du Havre à
eux accordé par le Roy Henry le Grand en faueur

de leur mariage. Finalement on oblige Madame de Villars de mettre dans le lendemain és mains de perſonnes ſoluables la ſomme de trois cens mille liures, pour eſtre employez en achapt de quelques terres & domaines au profit des Sieur & Dame de Villars, & de leurs enfans, ſans qu'elle puiſſe eſtre retirée, ſinon pour faire cét employ, & dont ſera donné aduis à Monſieur le Cardinal.

Monſieur le Duc de Villars n'a point ratifié ce traicté, ny cette quittance donnée par ſa femme. Il eſt viſible qu'elle n'a point touché ny les trois cens mille liures pour la recompenſe du Havre, ny les quarante-cinq mil liures pour le Regiment & Compagnie, dont ſera parlé cy-apres. Monſieur le Cardinal n'auoit garde de luy payer trois cens mille liures, pour les remettre le lendemain à vn tiers, pour ſatisfaire à vn Employ. Quand ce payement luy auroit eſté fait, il ſeroit nul, veu qu'elle n'eſtoit point authoriſée de ſon mary.

En ſecond lieu, il eſt conſtant par eſcrit, que Madame la Ducheſſe de Villars ne toucha point cette ſomme. Il y a vn acte du lendemain, qui eſt vne contre-lettre du pretendu payement. Par cét acte du 23. Octobre 1626. Madame de Villars declare, que pour ſatisfaire à la quittance du iour precedent, elle depoſe és mains de Mouſieur d'Effiat Sur Intendant des Finances, des ſieurs de Chevry, & de Flecelles, tous trois creatures & confidentes de Monſieur le Cardinal, la ſomme de trois cens mille liures, do

laquelle ils fe chargent folidairement pour la de-
pofer dans huictaine és mains des fieurs de Montmor, Colon, & Iacquelin, qui s'en rendront depofitaires, pour employer en terres conformément à la quittance dans trois mois, & qu'en four-
niffant l'obligation defdits Montmor, Coulon, & Iacquelin ils en demeureront defchargez.
Ainfi l'on void que Monfieur le Cardinal n'a point
payé la fomme de trois cens quarante cinq mil liures, il ne l'auroit pas payée le 22. pour la faire remettre le lendemain. Ceux és mains defquels l'on
fait cette remife fimulée font les creatures de Monfieur le Cardinal; en effect c'eft luy mefme qui re-
tient les deniers, qui en eft le depofitaire, qui n'en
a iamais fait le payement, qui a interpofé ces per-
fonnes, qui a fait faire ces deftours pour faire éua-
noüir & difparoiftre cette fomme en accordant
quelque legere gratification à celle qui luy auoit
donné quittance.

En troifiefme lieu, il eft conftant par efcrit que
le lendemain de cette quittance 23. Octobre 1626.
& le mefme iour de ce pretendu depoft & contre-
lettre, Madame la Ducheffe de Villars fondée de
procuration de fon mary du 15. du mefme mois, a
vendu à Monfieur le Cardinal le Marquifat de Grauille moyennant la fomme de deux cens quarante-
cinq mil liures, il a fait annexer cette procuration
à la minutte du contract de vente, il a ftipulé que
la fomme demeureroit trois mois entre fes mains,
pendant lefquels on en feroit l'employ en terres &

domaines, il n'a point fait le payement de cette
fomme que pour l'employ effectif en l'acquifition
de la terre de la Ferté-Bernard. Monfieur le Cardinal a obferué toutes fes precautions pour l'employ
de deux cens quarante cinq mil liures. Il ne tom-
bera point dans le fens qu'il les eut obmis le iour
d'auparauant, en traitant auec la mefme perfonne,
deuant les mefmes Notaires, qu'il luy ayt fait vn
payement veritable de trois cens quarante-cinq
mil liures, particulierement Madame de Villars,
n'ayant point de pouuoir ny d'authorifation de fon
mary, pour receuoir cette fomme de trois cens
quarante cinq mil liu. & fa quittance n'ayant iamais efté ratifiée par fon mary.

Ainfi la demande faite par l'intimé, & par fon
frere de la fomme de trois cens mil liures, pour la
recompenfe du Gouuernement du Havre eft legitime : & partant le chef de la Sentence, qui met
hors de Cour fur cette demande, n'eft pas iuridique.

Premierement, la condition appofée dans les
Lettres de prouifion du fieur d'Oife, fait vne difpofition expreffe au profit des enfans; c'eft l'intention
du Roy marquée dans fes Lettres, qui portent vne
exclufion perpetuelle du fieur d'Oife par les enfans.
Il eft vray de dire que la furuiuance n'eft point li-
mitée en la perfonne du Baron d'Oife, fi c'euft efté
l'intention du Roy, fi c'euft efté le deffein de Monfieur de Villars, l'on n'eut point fait mention des
enfans, la furuiuance n'eftoit point en faueur du

Baron d'Oife,puis qu'il eftoit exclus par les enfans.
Si le Baron d'Oife eftoit viuant, il demanderoit la
recompenfe,les enfans l'exclutoiét, par confequent
ils y ont droict de demander la recompenfe.

Cette conceffion de furuiuance eft faite en faueur du mariage, on ne pourroit mettre les enfans
qui n'eftoient pas nés dans la difpofition de furuiuance, puis qu'elle requiert ferment & exercice;
on les a mis dans la condition, elle eft difpofitiue.
Il s'agit d'vn Gouuernement qui eftoit depuis long-
temps dans la famille, que Monfieur l'Admiral de
Villars auoit poffedé, les mafles feuls font compris
fous le nom d'enfans,puis que feuls ils font capa-
bles du Gouuernement , *mafculi in conditione pofiti*
funt in difpofitione.

Secundò, Monfieur le Cardinal de Richelieu a
fçeu le droict de furuiuance des enfans , & a traité
fur ce fondement:il a traité de particulier à particulier,ce n'eft point vn coup d'authorité du Roy
qui ait depoffedé Monfieur de Villars. C'eft Monfieur le Cardinal qui traite & qui donne la recompenfe de fes deniers,la quittance iuftifie que Monfieur de Villars auoit renoncé , tant pour luy que
pour fes enfans , au droict de furuiuance à eux ac-
cordée en faueur de mariage. Cette demiffion eft
le tiltre de Monfieur le Cardinal, il ne peut venir
contre fon tiltre : dans la quittance on reïtere la
mefme renonciation , on dit que le payement eft
fait en confequence de la renonciation : on ftipu-

le vn employ au profit des enfans: La mere majeu-
re, & Monſieur le Cardinal ne s'y fuſſent point
chargez d'vn employ, ils n'euſſent eu garde de faire
vne ſtipulation contre eux meſmes, Ils ont inter-
preté la condition de ſuruiuance comme diſpoſiti-
ue: La mere s'eſt obligée de faire ratifier ſes enfans
majeurs. Elle donne quittance, tant en ſon nom,
qui ſe faiſant fort de ſes enfans, elle promet de rapporter la ratification de ſon mary, & de le faire obliger de faire ratifier ſes enfans quand ils auront atteint la maiorité. Ainſi la quittance, de meſme que
la demiſſion eſt conditionnée de la renonciation
des enfans. Partant Monſieur le Cardinal & ſes he-
ritiers n'en peuuent pas diuiſer l'effet.

Finalement, il eſt certain que Monſieur le Cardinal n'a point payé cette ſomme de trois cens mil
liures, on n'en rapporte point l'employ.

L'acte du pretendu depoſt, fait le lendemain,
iuſtifie la ſimulation du payement Il faut conſide-
rer la ſtipulation portée par la quittance, & par les
mains de qui les deniers ont paſſé. Il n'eſt pas pro-
bable qu'on ait remis les trois cens quarante-cinq
mil liures, pour les rendre le lendemain à Monſieur
le Cardinal pour les depoſer à Monſieur Deffiat ſon
confident: ce depoſt n'eſt point vn payement, puiſ-
que Monſieur Deffiat, les ſieurs de Chevry & de
Flecelles ne ſont obligez que de rapporter l'obligation de trois Financiers. Ainſi Monſieur le Cardinal n'a point payé, il a retenu les deniers; auſſi

la

la mere n'auoit point de procuration.

De plus quand Monſieur le Cardinal le meſme iour 23 Octobre 1626. traitte du Marquiſat de Grauille, il fait faire vn employ valable de cette ſomme en la terre de la Ferté Bernard. Il a traitté ſur vne procuration valable. Il n'a payé le prix de Grauille qu'a Monſieur de Neuers vendeur de ladite terre de la Ferté Bernard. Ces deux actes ſont faits en 24 heures deuant les meſmes Notaires entre les meſmes parties. Quád Monſieur le Cardinal auroit fait ce payement il ſeroit nul, veu que Monſieur de Villars ne l'a point ratiffié, & qu'il n'auoit point authoriſé ſa femme pour le receuoir.

La ſeule obiection de Madame la Ducheſſe d'Aiguillon, a eſté que Monſieur le Duc de Villars eſtant viuant, l'action de ſes enfans eſt prematurée ; ils n'agiſſent point prematurement, mais en vertu du Contract, qui eſt le titre de Monſieur le Cardinal. Il a ſtipulé l'employ pour aſſeurer la renonciation des enfans, ſon heritier eſt obligé de rapporter dés à preſent l'employ effectif, ou de fournir la ſomme pour eſtre employée, pour en ioüir par Monſieur de Villars ſa vie durant, & apres ſon décés par ſes enfans, ioint que cette ſomme n'a point eſté payée, & ne le pouuoit eſtre valablement. Il eſt meſme de l'intereſt de l'intimé & de ſon frere de demander le payement où l'employ de cette ſomme dés à preſent, puis que le Contract eſt executoire, & qu'en rendant iuſtice à tout le monde, la Maison de Richelieu pourroit estre incommodée. L'intimé y est d'autant plus interessé que Monsieur le Cardinal a dépoüillé pour des sommes modiques; Monsieur le Duc de Villars de tout son bien, de ses Gouuernemens, du Marquisat de Grauille, de la terre de la Ferté Bernard, pour raison de quoy y a Requeste Ciuile appointée, & ne luy a laissé que ce qu'il ne pouuoit luy oster, qui sont les biens substitués que l'intimé ne prendra point comme heritier de son pere, & à l'égard de sa mere il a renoncé à la succession.

Reste le chef de la sentence pour le Regiment de Grauille & Compagnie au Regiment de Nauarre dont le sieur Marquis de Villars estoit pourueu. On condamne Madame d'Aiguillon de payer quarante-cinq mil liures pour le principal, & les interests depuis 1626. Ce chef est tres iuridique, & ne desire point d'establissement.

Primò, Le sieur Marquis de Villars en estoit pouruu & titulaire, il en a encore à present les prouisions; partant il ne pouuoit en estre dépoüillé.

Secundò, La Mere ne pouuoit disposer d'vn Regiment, & d'vne Compagnie appartenante en propre à son fils qui estoit mineur; il n'est point son heritier, il a renoncé à sa succession, vne femme particulierement non authorisée, ne peut disposer du bien de son fils qui ne luy appartient pas.

A l'égard des interests, ils sont deubs du 26. Octobre 1626. on vend le propre d'vn mineur, les deniers qui en font deubs produifent vn intereft de droiét à fon profit, & fuccedent au lieu du reuenu legitime des Charges dont on le dépoüille, Charges qui eftoient & fructueufes & honorables , & qui pouuoient dans les degrez de la milice donner occafion de gloire , & d'vn plus prompt auancement.

Partant fouftient le fieur Marquis de Villars qu'il y a lieu de confirmer ce chef de la fentence. Et à l'égard de l'autre, qu'elle doit eftre infirmée, & en ce faifant Madame d'Aiguillon codamnée de payer la fomme de 300000. l. pour la recompenfe du gouuernement du Havre de Grace, qui fera employée en fonds au profit de l'intimé & de fon frere, fauf à Monfieur de Villars à en ioüir fa vie durant.

PETITPIED, Aduocat.

LETTRE DE PROVISION

du Gouuernement du Havre, en faueur du Sieur Baron Doise, & des enfans de Monsieur le Duc de Villars.

ENRY PAR LA GRACE DE DIEV ROY DE FRANCE ET DE NAVARRE; A tous ceux qui fes prefentes Lettres verront, Salut. Sçauoir faifons, Que Nous defirant tefmoigner le grand contentement & fatisfaction que nous auons des fignalez & recommandables feruices que nous auons receus de noftre amé & feal Meffire Georges de Brancas, Cheualier Sieur de Villars, Gouuerneur & Capitaine de noftre ville & Citadelle de Françoife, & Havre de Grace, & de nos Ville & Chafteau du Pont de l'Arche, & la bonne opinion que nous auons d'en receuoir à l'aduenir : & voulant non feulement les reconnoiftre enuers luy par les graces & bien-faits que nous fommes en volonté de luy faire : mais auffi enuers les fiens: & qu'ils fe reffentent apres luy de la recompenfe & remuneration de fefdits feruices, *& particulierement en faueur & confideration du mariage qui fe doit faire de luy (&) de Damoifelle Iulienne Deftrée*, comme auffi pour l'eftime que nous faifons de la perfonne de noftre amé & feal Meffire Gafpard de Brancas fon frere aifné, Cheualier Sieu r & Baron Doize, &

la preuue qu'il a faite de sa fidelité & deuotion à noſtre ſeruice. POVR CES CAVSES, & en inclinant liberalement à l'humble ſupplication que nous a faite ledit ſieur de Villars, auſſi à plein confiant de ſes ſens, ſuffiſance, loyauté, fidelité, prud'hommie, valeur, grande experience au fait des armes, vigilence & bonne diligence dudit Baron Doize, A iceluy auons donné & octroyé, donnons & octroyons par ces preſentes, l'Eſtat & Charge de Capitaine & Gouuerneur de noſdites Villes & Citadelle de Françoiſe & Havre de Grace, que ſouloit auoir & tenir, tient & exerce encore à preſent ledit Sieur de Villars, *lequel s'en eſt ce jourd'huy de nos vouloir & conſentement deſmis, & iceluy reſigné en nos mains par ſon Procureur;* ſuffiſamment fondé de Lettres de procuration quand à ce, cy-attachées ſous le contreſcel de noſtre Chancellerie, au profit dudit *Baron Doiſe, à condition de ſuruiuance, & en cas toutesfois que ledit Sieur de Villars vienne à deceder ſans enfans viuans, prouenans dudit mariage,* pour par ledit de Villars & Baron Doiſe, & le ſuruiuant d'eux deux, & l'vn en l'abſence de l'autre, ledit Eſtat & Gouuernement, auoir, tenir, & doreſnauant exercer, & en ioüir & vſer aux honneurs, authoritez, prerogatiues, preeminences, franchiſes & libertez, gages, eſtat & appointement, droicts, profits, reuenus, & eſmolumens accouſtumez, & qui y appartiennent, tant qu'il nous plaira, ſans que par le treſpas du premier mourant l'on puiſſe dire & pretendre ledit Eſtat eſtre va-

cant ne impetrable fur le furuiuant , auquel nous
l'auons dés à prefent comme pour lors, & deflors
comme pour à prefent, referué & referuons, tout
ainfi que s'il euft efté feul poffeffeur, ny qu'il foit
tenu en prendre ny obtenir de nous ny de nos fuc-
ceffeurs Roys autres nouuelles Lettres de prouifion
que cefdites prefentes, ny en faire autre ferment que
celuy qu'en a cy-deuant fait ledit Sieur de Villars,
& qu'en fera & preftera ledit Baron Doife, en vertu
de cefdites prefentes , par lefquelles donnons en
mandement à noftre tres- cher & feal le Sieur Comte
de Chiuerny, Chancelier de France, que dudit Baron
Doyfe prenne & reçoiue le ferment en tel cas requis,
& accouftumé , iceluy mette & inftituë, ou faffe
mettre & inftituer de par Nous en poffeffion & fai-
fine dudit Eftat & Gouuernement, *en cas que ledit de*
Villars vienne à deceder fans enfans viuans , prouenans
dudit mariage , comme dit eft ; & d'iceluy gouuernement, enfemble des honneurs, authoritez, prerogatiues, preeminences, franchifes, libertez, gages,
eftat & appoinctement, droicts, profits, reuenus &
efmolumens des fufdits, faffe, fouffre, & laiffe lefdits Sieurs de Villars & Baron Doife, & le furuiuant
d'eux, & l'vn en l'abfence de l'autre, iouïr & vfer
pleinemént & paifiblement, & à eux obeïr & enten-
dre de tous ceux, & ainfi qu'il appartiendra, les cho-
fes touchant ladite Charge & Gouuernement.
MANDONS en outre à nos amez & feaux Confeil-
lers les Treforiers de France, & Generaux de nos Fi-

nances à Roüen, Treforier de noſtre Eſpargne, &
Treforiers Generaux de l'Extraordinaire de nos
Guerres, prefens & aduenir, & à chacun d'eux, ſi
comme il appartiendra, qu'ils payent, baillent, &
deliurent par ceux de nos comptables, ou autres, à
qui ſe pourra toucher, ils faſſent payer, bailler, &
deliurer comptant leſdits gages, eſtat, appointement, & droicts audit Eſtat & Gouuernement ap-
partenant, doreſnauant par chacun an de quartier
en quartier, ou de mois en mois, en la maniere ac-
couſtumée, à ſçauoir audit de Villars ſa vie durant,
& apres ſon treſpas audit cas, *s'il decede ſans enfans vi-*
uans, prouenans dudit mariage, ainſi que deſſus eſt dit,
audit Baron Doyſe, & en rapportant ceſdites preſentes, ou le vidimus d'icelles deuëment collation-
nées pour vne fois ſeulement, auec quittance dudit
Sieur de Villars ſa vie durant, & apres ſondit treſpas, en cas qu'il n'y ait enfans, comme dit eſt, dudit Baron Doyſe, ſur ce ſuffiſante ſeulement tout
ce que payé, baillé & deliuré leur aura ainſi eſté,
ſera paſſé & alloüé en la deſpenſe des Comptes, &
rabattu de la recepte de celuy ou ceux de noſdits
Comptables, ou autres que beſoin ſera, par nos
amez & feaux les Gens de nos Comptes à Paris & audit Roüen, auſquels mandons ainſi le faire: Enjoi-
gnant à nos Iuges & Officiers Conſeillers Eſcheuins
& Bourgeois, Manans & Habitans de noſtredite
Ville Françoiſe, de Grace, & aux Capitaines & Gens
de Guerre, tant de pied que de cheual, qui ſont &

feront en garnifon en ladite Place, qu'ils ayent à reconnoiftre ledit Baron Doyfe en l'abfence, & apres le deceds dudit Sieur de Villars, en ce qu'il leur ordonnera en ladite Charge pour noftredit feruice, bien & feureté d'icelle place, repos & conferuation defdits habitans, fans y faire aucun refus ny difficulté. CAR tel eft noftre plaifir : En tefmoin dequoy nous auons figné cefdites prefentes de noftre main, & à icelles fait mettre & appofer noftre feel. Donné à Roüen le feptiefme iour de Ianuier, l'an de grace mil cinq cens quatre-vingts dix-fept, & de noftre regne le huictiefme, Signé HENRY, & feellé : *Et fur le reply*, Par le Roy, Signé FORGET. *Et à cofté :* Aujourd'huy quatriefme Feurier mil cinq cens quatre-vingts dix fept, le Sieur Baron Doyfe nommé au blanc, a fait & prefté le ferment és mains de Monfeigneur le Chancelier, pour l'Eftat & Charge de Gouuerneur, & Capitaine de la Ville & Citadelle Françoife du Havre de Grace en tel cas requis & accouftumé, moy Confeiller & Secretaire du Roy, prefent. Signé Du PORTAL.

QVITTANCE DE MADAME LA DV-
cheſſe de Villars du payement pretendu de la ſomme de trois cens quarante cinq mil liures paſſée double en faueur de Monſieur le Cardinal de Richelieu.

PARDEVANT les Nottaires Gardenottes du Roy noſtre Sire en ſon Chaſtelet de Paris ſoubs-ſignez, Fut preſente Dame Hypolite d'Eſtrée Eſpouſe de Meſſire Georges de Brancas, Cheualier Marquis de Villars & de Grauille, Conſeiller du Roy en ſes Conſeils d'Eſtat & Priué, Gouuerneur pour ſa Majeſté des villes du Havre de Grace, Harfleur, Montiuilliers, eſtant de preſent en cette ville de Paris, *tant en ſon nom que comme ſe faiſant & portant fort dudit Seigneur de Villars ſon Eſpoux, & de leurs enfans*, par leſquels elle promet faire ratiffier & auoir agreable le contenu en ſes preſentes, & en fournir de ratification au profit de Monſeigneur le Cardinal de Richelieu, cy-apres nommé en cette ville de Paris; ſçauoir par ledit ſieur *de Villars d'huy en quinze iours prochains & par leurſdits enfans ſi toſt & incontinent qu'ils auront attaints l'âge de majorité, & que vallablement faire le pourront, meſme faire obliger ledit ſieur Marquis par ſadite ratification à fournir celles deſdits enfans dedans ledit temps de majorité,* à peine de tous deſpens, dommages & intereſts, laquelle Dame de Villars eſdits nomsa recogneu & confeſſé auoir eu & receu de Monſeigneur l'Illuſtriſsi-

C

me & Reuerendiſsime Armand Cardinal de Richelieu, Gomte de Limours & de Montlhery, par les
mains de maiſtre Michel le Maſle ſon Secretaire, &
de luy ſoy diſant auoir charge d'accepter ces preſentes
& paſſer le conſentement cy apres, à ce preſent, *la
ſomme de trois cens quarante cinq mil liures tournois.* Sçauoir la ſomme de trois cens mil liures tournois, à quoy
mondit Seigneur Cardinal & ledit ſieur de Villars ont
conuenu pour recompenſe du Gouuernement du Havre de Grace, Harfleur, & Montiuilliers, dont iceluy
ſieur de Villars s'eſt demis au profit de mõdit Seigneur
Cardinal, par acte paſſé pardeuant Iean Martin &
Charles Onet Nottaires Royaux en la ville de Montiuillier le ſeizieſme iour dés preſent mois & an, lequel
ladite Dame a preſentement baillé & mis és mains dudit ſieur le Maſle audit nom, *& la ſomme de quarante-
cinq mil liures tournois auſſi pour la recompenſe du Regiment
du ſieur Marquis de Grauille leur fils, & d'vne Compagnie
au Regiment de Nauarre, dont ladite Dame ſe faiſant fort
comme deſſus* promet ſoubs le bon plaiſir de ſa Majeſté,
faire remettre au profit de mondit Seigneur le Cardinal, & en fournir tous actes neceſſaires dedans, pour
de toutes leſdites charges faire & diſpoſer par mondit
Seigneur le Cardinal, ainſi que bon luy ſemblera ; *De
laquelle ſomme de trois cẽs quarante cinq mil liures tournois
qui baillée & deſliurée a eſté à ladite Dame de Villars par
ledit ſieur le Maſle audit nom, preſens leſdits Nottaires en
quarts d'eſcus francs, demy francs & autres eſpeces, le tout
bon & ayant cours, des deniers de mondit Seigneur Cardi-*

nal, encore que par ladite demiſſion dudit Seigneur Mar-
quis de Villars, il ſoit porté que ladite recompenſe luy
eſt faite par ſa Majeſté, ladite Dame de Villars s'eſt
tenuë, & tient pour contante & bien payée, en a
quitté & quitte par ces preſentes mondit Seigneur le
Cardinal, ledit ſieur le Maſle & tous autres, *moyennant*
lequel payement ladite Dame de Villars, tant pour elle que
ſeſdits enfans, à renoncé & renonce comme a fait ledit ſieur
de Villars par le ſuſdit aƈte de demiſſiõ à tout droiƈt de ſurui-
uant dudit Gouuernement du Havre de Grace à eux accordé
par le feu Roy Henry le Grand, en faueur de leur Mariage,
demeurans toutes leſdites Charges à l'entiere diſpoſi-
tion de mondit Seigneur le Cardinal, & pouruoira à
celle du Regiment dudit ſieur de Grauille & en ladite
Compagnie de Nauarre telles perſonnes qu'il aduiſera
bon eſtre en la place de ceux qui y ſont à preſent, ſans
eſtre tenu d'autres recompences que de la ſuſdite ſomme de trois cens quarante-cinq mil liures tournois,
de laquelle ſuſdite ſomme de trois cens quarante cinq mil li-
ures, ladite Dame de Villars ſera tenuë & promet dedans
le iour de demain, en mettre és mains de perſonnes ſoluables
du conſentement dudit Seigneur Cardinal ou de ſondit Pro-
cureur, la ſomme de trois cens mil liures tournois pour eſtre
employée en achapt de quelques terres & domaine au profit
deſdits Seigneur & Dame de Villars & de leurſdits enfans,
ſans qu'elle en puiſſe retirer ſinon pour faire ledit employ, &
dont ſera donné aduis à mondit Seigneur le Cardinal. Et
neantmoins a ledit ſieur le Maſle audit nom dés à preſent conſenti & conſent que ladite ſomme de trois

cens mil liures, lefdits Sieur & Dame de Villars en puiffent prendre & retirer ce qu'il conuiendra pour auoir le Gouuernement du vieil Palais & charge de Sergent Major de la ville de Roüen, dont ils font en pourparler auec le Capitaine & Gouuerneur du Chafteau du vieil Palais de Rouen. Et pour l'exe cution des prefentes a ladite Dame efleu fon domicille irreuocable en cette ville de Paris en la maifon de Maiftre Raphael du Vernay Aduocat au Confeil Priué de fa Majefté, demeurant rüe de la Verrerie, auquel elle veut &c. foient &c. promettans &c. obligeans &c. efdits noms chacun endroit foy, renonceans &c. Fait & paffé double en l'Hoftel de Mefsire Efprit Dallart, Cheualier Seigneur Defplan, grand Marefchal des logis de France, demeurant à Paris rüe du Louure, prés l'Hoftel de Crequy, le Ieudy apres midy vingt-deuxié-me iour d'Octobre mil fix cens vingt-fix, & ont figné ces prefentes, & autant pour feruir audit Seigneur Cardinal, dont n'eft gardé aucune minutte du confentement des parties. Ainfi figné Hypolite d'Eftrées, le Mafle, & Beaufort, & de Beauuais Nottaires, & au deffous eft écrit ce qui enfuit.

AVjourd'huy eft comparu pardeuant les Nottaires Gardenottes du Roy noftre Sire en fon Chaftelet de Paris foubs-fignez, Haut & puiffant Seigneur Mefsire Louis François de Brancas, Cheualier Seigneur & Marquis de Villars & autres lieux, demeurant à Paris rüe des Rozieres Parroiffe S. Geruais,

lequel a requis Claude le Roy l'vn des Nottaires
soubs signez, de vouloir garder pour minutte l'Acte
cy-dessus de l'autre part écrit, pour luy en estre desli-
uré,& à toutes autres qu'il appartiendra, telles expedi-
tions dont ils auront affaire; ce qui luy a esté octroyé,
& iceluy acte estre mis en mes minuttes en l'estat qu'il
est. Ce fut fait donné, octroyé en l'estude dudit le
Roy, l'vn desdits Nottaires soubs-signez, ce iour-
d'huy onziesme iour de Nouembre apres midy, mil
six cens quarante-neuf, & a signé la minutte de ces
presentes, estant en suite de l'acte cy-dessus demeuré
comme dit est, vers ledit le Roy l'vn d'iceux. Signé,
LIBERT.   LE ROY.

Contre-Lettre du pretendu payement.

FVt presente haute & puissante Dame, Dáme
Hypolite d'Estrée, femme & espouse de haut &
puissant Seigneur Mesire Georges de Brancas Seigneur de Villars, Marquis de Grauille & grand Champ,
Vicomte heredital de Coustance, Baron Doise, Seigneur de Maubec, Beaumont, & autres places, Cheualier Conseiller du Roy en ses Conseils d'Estat &
Priué, Capitaine de cent hommes d'armes d'Ordon-
nance, Gouuerneur pour sa Majesté en ses Ville & Citadelle du Havre de Grace, Montiuillier & Harfleur,
estant de present à Paris, logée ruë d'Autruche, Par-

roisse S. Germain de Lauxerrois, laquelle pour satis-
faire à la clause apposée en la quittance par elle passée
le iour d'hier pardeuant les Nottaires soubs-signez, à
Monseigneur le Cardinal de Richelieu de la somme
de trois quarante-cinq mil liures tournois, pour la re-
compense dudit Gouuernement du Havre de Grace,
ensemble de la Compagnie du Regiment de Nauarre, dont est pourueu le fils aisné desdits Seigneur &
Dame de Villars, a presentement mis & deposé és
mains du haut & puissant Seigneur Mesire Antoine
Ruzé Marquis Deffiat, Seigneur de Longiumeau &
autres lieux, Cheualier des Ordres du Roy, Conseiller en ses Conseils d'Estat & Priué, premier Escuyer
de la grande Escurie de sa Majesté, & Superintendant
General de ses Finances; De Messire Charles Duret
Seigneur de Cheury Conseiller du Roy en ses Conseils d'Estat & Priué, President en sa Chambre des
Comptes, & Intendant de ses Finances: Et de Messire Iean de Flexelles aufsi Conseiller du Roy en ses-
dits Conseils, & Secretaire dudit Conseil d'Estat &
des Finances, lesdits sieurs à ce presens, qui ont pris &
receu de ladite Dame Marquise en la presence des
Nottaires soubs-signez, en quarts d'escus francs, demy francs, & autre monnoye, le tout bon & ayans
cours, la somme de *trois cens mil liures tournois*, de laquelle ils se font chargez & chargent solidairement
pour le mettre & deposer és mains de Me Iean Habert
sieur du Mesnil, & de Montmort Conseiller du Roy &
Tresorier General de l'Ordinaire des Guerres: De M^e

Simon Coullon TreforierGeneral de l'Extraordinaire
des Guerres, & de Mᶜ Anne Iacquelin Treforier Ge -
neral des Baſtimens; Defquels lefdits fieurs Marquis
Deffiat, de Cheury, & de Flexelles, promettent fournir l'obligation à ladite Dame Marquife de Villars,
dans huiἀ iours prochains, par laquelle obligation ils
fe rendront folidairement depofitaires de ladite sôme
de trois cens mil liures tournnois enuers ledit Seigneur
Marquis de Villars,& laditeDame só Efpoufe,aufquels
ils promettent la rendre & payer dans trois mois du
iourdhuy pour faire des acquifitions des terres & domaines, conformément à la ſtipulation portée par ladite quittance dudit iour d'hier, defquelles acquifi -
tions ladite Dame Marquife fera tenuë aduertir mondit Seigneur Cardinal, fourniſſant laquelle obligation
defdits fieurs de Montmort, Coulon, & Iacquelin à la -
dite Dame Marquife de Villars, lefdits Seigneurs Marquis Deffiat, de Cheury, & de Flexelles demeureront defchargés dudit depoſt à eux prefentement fait,
& pour l'execution des prefentes & dépendances ils
ont efleu leur domicille irreuocable en leurs Hoſtels
aſſis à ſçauoir celuy dudit Seigneur Marquis Deffiat,
ruë S. Thomas du Louure; celuy du fieur de Cheury,
ruë Payenne, & celuy dudit fieur de Flexelles, ruë des
Francs Bourgeois, efquels lieux &c. promettans,&c.
obligeans &c. efdits noms, &c. folidairement &c.
témoins &c. comme deſſus. Fait & paſſe en l'Ho-
ſtel de ladite Dame Marquife de Villars, l'an mil fix
cens vingt-fix, le ~~troifiefme~~ iourd'Oἀobre apres mi-

dy, & ont signé Deffiat, Duret, de Flexelles, Hypolite d'Estrée, de Beaufort, & de Beauuais. Collation
de la presente coppie a esté faite à son original par les
Notaires Gardenottes du Roy nostre Sire en son Cha-
stelet de Paris soubs-signez. Ce fait rendu à Paris l'an
mil six cens vingt-six, le vingt-sixiesme iour d'Octobre.

Signé, DE BEAVFORT, & BEAVVAIS.